Philippe Collinet

365 citations
d'éveil spirituel

<u>Préambule</u>

Ce livre est un recueil d'une pensée par jour pendant une année. Tantôt philosophiques, tantôt puissantes et fortes, elles peuvent être audacieuses, voire même humoristiques. Ce livre ne présente non pas des vérités intrinsèques mais des réflexions sur tous des sujets proches et éloignés que nous rencontrons dans notre vie de tous les jours. C'est une invitation par la suggestion à vivre une vie libre et en conscience.

Ces pensées ne sont pas ce que vous croyez. Elles sont une base d'un enseignement philosophique que je tiens à diffuser. Elles ne suivent pas les courants préexistants, mais ouvrent des voies nouvelles actualisées. Je vous demande juste de ne pas être du même avis que le mien et de trouver en vous-même vos propres points de vues. Le but de ce livre est de briser tous les concepts pour vivre libre ! Je vous souhaite 365 jours de libération totale de tous les conditionnements !

Toutes les illustrations sont les photos que j'ai prises au cours de mes déplacements : des paysages magnifiques le temps d'un moment, d'un instant...

1 janvier

Ce que nous voyons avec nos yeux n'est pas la réalité solide. C'est juste l'apparence d'une myriade d'énergies à une certaine fréquence.

2 janvier

Nous ne vivons pas dans un monde réel, mais dans un bouillon cosmique. Notre esprit prend conscience de ses ingrédients.

3 janvier

Depuis notre esprit, nous créons notre réalité. Enfer ou bonheur, c'est à nous de choisir. On a toujours le choix.

4 janvier

Vivre l'instant présent c'est lâcher prise complètement par rapports aux événements anciens ou futurs. Il n'existe que le présent. C'est le seul lieu d'action.

5 janvier

L'école, c'est l'enseignement du comment devenir une tarte depuis un moule afin d'être un bon et loyal esclave pendant 40 ans.

6 janvier

Si ça nous coûte notre paix intérieure, le prix est trop cher ! Préservons-nous avant tout.

7 janvier

Le pire film d'horreur ou de science-fiction n'est rien face à la réalité du fonctionnement de la race humaine, le pire des parasites de la planète Terre...

8 janvier

L'amour, c'est partager sa mauvaise haleine.

9 janvier

La libération finale se comprend. Elle demande que l'esprit fasse la somme de toutes les expériences possibles.

10 janvier

Ne pas sous-estimer le potentiel de l'imbécillité humaine. On sera toujours épaté et surpris...

11 janvier

Pour réussir tout ce que l'on veut, il convient d'éliminer de son esprit toute existence ou facteur de l'échec, de même que ce mot. Ainsi, il existe uniquement la réussite, et l'esprit la matérialise dans la matière.

12 janvier

Le non-agir est l'action active la plus intelligente et qui demande le moins d'effort. Ne plus être dans la réaction, mais juste dans le recentrage silencieux du sage méditant. Et c'est tout bénéfice de ne rien faire !

13 janvier

L'amour comme l'amitié, ça se prouve par des faits, et non par des paroles.

14 janvier

Les mécanismes de contrôles de la matrice sont déjà obsolètes pour les éveillés. Seuls les ignorants y adhèrent, voire même la défendent. Restons marginaux.

15 janvier

En période virale, on remarque que les idiots ne savent plus faire semblant d'être intelligents.

16 janvier

Les médias ne sont plus au service de la démocratie et de ses libertés, mais servent les gouvernements dans leurs intérêts économiques par la manipulation et la soumission des populations.

17 janvier

Tous les dentifrices au fluor calcifient la glande pinéale et empêchent l'expansion de la conscience par le développement des capacités du 3ème oeil. Et ils le savent...

18 janvier

La liberté totale passe par l'équanimité totale. Celui qui ne s'attache à rien ni à personne, comme un homme prêt à mourir à chaque instant, celui-là est véritablement libre.

19 janvier

Lorsqu'on prendra conscience de la vérité, on sera alors définitivement libéré des influences et de la peur. Tout est désinformations et manipulations de l'opinion des pions, qui jouent bien leurs rôles... L'enjeu est le contrôle et le pouvoir. Et à plus grande échelle, la prise d'énergie jusqu'à l'âme. Je pense qu'il est temps d'intervenir par tous les moyens...

20 janvier

Le bonheur promotionné par la société est juste l'illusion construite pour faire de nous ses loyaux esclaves et ses fidèles clients commerciaux.

21 janvier

Et si le sens de la vie est d'être simplement heureux ?

22 janvier

Défendre son opinion est une perte de temps. On ne convainc pas une personne déjà convaincue.

23 janvier

Se justifier est une perte d'énergie. Pour quelle culpabilité qui n'est certainement pas la nôtre ?

24 janvier

Les religions sont les demeures des pédophiles ou des assassins. Vous avez le choix et le droit d'être un libre-penseur hérétique des institutions pseudo-sacrées.

25 janvier

Nager à contre-courant des valeurs de la matrice ne crée que de la lutte. Suivre son propre courant fait partie de sa propre libération.

26 janvier

Un vent de liberté souffle sur les conditionnements de nos croyances.

27 janvier

Rester dans l'indifférence totale des critiques mais aussi des compliments produit la libération complète du regard des autres.

28 janvier

La vengeance est une forme de dualité qui tire vers le bas son protagoniste. Dans tous les cas, le karma s'en occupe déjà ! Parfois, on en sera même informé car telles sont les lois de l'univers et personne ne peut y échapper ou les enfreindre... Personne.

29 janvier

En amour, suivre son esprit et jamais son coeur, et encore moins ses hormones !

30 janvier

Les médias sont les terroristes aux services du gouvernement pour obtenir le contrôle et la soumission des populations. Les médias sont les complotistes et les pions sont ceux qui adhèrent à leurs théories, y croient et même les défendent. La presse fait juste pression.

31 janvier

Si tu veux vraiment quelque chose, vole-le !

1 février

La moralité ne va pas de pair avec la légalité, et encore moins avec les religions. Les lois protègent les gouvernements et non pas les citoyens. Les religions soumettent les esprits pour mieux contrôler les comportements, et voler l'âme des personnes au passage de la mort.

2 février

Il vaut mieux servir aux idiots leur nourriture favorite : la bêtise. Il s'en régalent !

3 février

Entourons-nous de gens heureux. C'est ainsi qu'on peut donner et recevoir en équilibre. Simplement partager son propre bonheur.

4 février

Les gens tristes et malheureux sont entourés de gens tristes et malheureux. On peut toujours choisir qui on veut dans sa vie.

5 février

On ne peut pas changer les autres par le savoir. Ils devront passer par l'expérience pour comprendre. La sagesse s'acquiert donc par les résultats de ses actions.

6 février

La légalité n'est que les mots des gouvernements pour couvrir leur propre illégalité.

7 février

Les règles sont faites pour être transgressées.

8 février

La recette du bonheur : bien manger et faire l'amour.

9 février

Lorsqu'on reste en silence, on entend respirer notre esprit, et notre âme alors peut s'expanser.

10 février

L'inaction est parfois plus productive que d'agir.

11 février

Pour ceux qui font le mal, vivre depuis leurs niveaux énergétiques est la pire des sentences. Ils sont condamnés à la médiocrité.

12 février

La dualité est la pièce de théâtre où les deux parties que sont le bien et le mal font tout simplement pitié. Il faut vraiment en sortir pour comprendre la scène d'ensemble.

13 février

L'unité est l'accord universel d'être en accord avec l'univers quelles que soient les événements.

14 février

L'interprétation des coïncidences est déjà
avoir fait un choix en soi.

15 février

Penser à contre-sens est de la rébellion.
C'est une voie indispensable à sa maîtrise. Celle-ci
ne sera effective que s'il n'existe même plus de
sens et que si toutes les dimensions ont été
conscientisées.

16 février

N'est maître que celui qui n'en a aucun.

17 février

Le principal conditionnement naît de la comparaison des différences.

18 février

Le moteur de la manipulation est de créer un sentiment émotionnel d'injustice.

19 février

Nous sommes purs à la base, ce sont les conditionnements qui tachent.

20 février

Je ne pense pas, je suis. Je ne suis pas mon mental, je suis mon émanation.

21 février

Rien n'est grave, sauf l'humour.

22 février

La joie est le symptôme d'une personne spirituelle.

23 février

Les bodhisattvas se retrouvent entre eux pour s'entraider à l'éveil complet.

24 février

Le plaisir est la quintessence de toute création.

25 février

Un saint c'est bien, deux seins c'est mieux.

26 février

L'amour est l'unique puissance illimitée de guérison spirituelle et l'arme absolue contre la peur.

27 février

Le sens de la vie est d'être heureux ici et maintenant quelque soit la forme que prend notre bonheur. Le travail de progression de notre âme est le chemin à parcourir.

28 février

Être en pleine santé physique, mentale, émotionnelle et spirituelle est le cadeau de la vie à entretenir chaque jour.

1 mars

Le matérialisme est important pour le confort et l'hygiène. Au-delà, mourir dans un cercueil en or massif est équivalent à mourir dans un cercueil en bois.

2 mars

La gratitude envers ce que l'on possède et qui nous sommes, autorise la satisfaction et attire par conséquence directe l'abondance dans notre vie.

3 mars

La bonté provoque une réaction de bénédictions pour les deux parties en relation. Par contre, avec l'ignorant, il convient de lui faire profiter de notre silence et de notre absence.

4 mars

Le pardon est un cadeau d'amour propre à se faire à soi-même sans condition.

5 mars

Une construction religieuse qui enseigne, derrière les apparences, la haine et l'élitisme communautaire est une construction hypocrite qui mourra tôt ou tard.

6 mars

Avoir le courage d'être simplement soi-même sans se soucier du jugement des autres est une force affirmative qui provoquera la réussite de ses objectifs grâce à la confiance en soi acquise.

7 mars

L'espoir est le moteur qui permet la réalisation de tous nos rêves. Avoir foi en nous-mêmes annihilera complètement tous les facteurs limitatifs à notre réussite.

8 mars

On peut casser les cycles de répétitifs de synchronicités en modifiant sa croyance.

9 mars

Rien n'est fixe ou figé, tout se modifie en mouvement permanent. A nous de suivre la vague.

10 mars

Tout arrive à temps. Il fallait passer par là pour en comprendre la signification.

11 mars

Le karma est comme la nature, sans aucune pitié.

12 mars

Le maître ultime n'a plus aucune leçon à donner, car ses élèves sont devenus au final leurs propres maîtres.

13 mars

Jamais et toujours sont les habitudes des croyances. On peut toujours les remettre en question et ne jamais les changer aussi.

14 mars

Les rêves sont faits pour être vécus, tous sans exception. Il ne faut pas en demander moins.

15 mars

La volonté est le moteur de la liberté d'action.

16 mars

Ne mettre aucune limite permet de voir l'horizon ultime.

17 mars

Face à la tristesse, il serait utile de cultiver la joie. Celle-ci se sème, s'arrose, se nourrit et grandit. À la finalité, on récolte le bonheur. Il devient une habitude pour le cultivateur expérimenté.

18 mars

Face à la haine, faisons un gros bisou mouillé sur la bouche ! En ces temps viraux, avec quelques probabilités, on peut faire mouche.

19 mars

Face à la dualité et tous ses conflits sous-jacents, cultivons le détachement total et complet. Ce n'est pas notre problème car si quelqu'un veut la compétition ou la guerre, il peut faire son cirque sans spectateur.

20 mars

Face à la colère, canalisons-la non pas vers la destruction et la vengeance, mais vers la construction optimiste, sans peur et sans limite.

21 mars

Face à la jalousie, surtout montrons-nous, nous et notre bonheur ! Les jaloux ne le seront que d'avantage et ça leur fera les pieds !

22 mars

Déployons notre aura comme un soleil. Rien ne peut l'éteindre, rien ne peut l'atteindre sans être désintégré. Il brille tout simplement.

23 mars

Face à l'idiotie humaine, cultivons le silence. Si la connaissance est accessible, elle n'augmentera pas l'intelligence et la sagesse s'acquiert aux résultats des expérimentations. Donc, c'est peine perdue d'essayer de faire comprendre le sens des choses aux idiots.

24 mars

Pour être omniscient, il suffit de raccorder sa propre conscience à la conscience universelle. Ainsi, on prend conscience du Tout, comme la vague qui fait partie de l'océan. Elle est l'océan. Nous sommes donc l'univers.

25 mars

Pour être riche, il faut cultiver intérieurement le sentiment de sécurité. Au plus on se sait ne manquer de rien, au plus on aura d'argent. L'argent se gagne donc depuis le sentiment. Il y a des riches fauchés et des pauvres pleins aux as.

26 mars

Pour être en bonne santé physique, mentale, émotionnelle et spirituelle, il faut d'abord éliminer tout ce qui est nocif et toxique : de l'alimentation aux personnes nuisibles. On doit retirer les mauvaises herbes pour avoir un beau gazon.

27 mars

L'herbe n'est pas plus verte chez le voisin, elle est plus verte là où elle est entretenue. Si on prend soin de soi, notre éclat sera éblouissant.

28 mars

Pour augmenter son abondance au niveau de sa quantité, chantons avec conviction le mantra de Ganesh : « Om Gam Ganapataye Namaha Sharanan Ganesha ». L'abondance se demande et s'attire.

29 mars

L'argent fait le bonheur pour la personne qui sait s'en servir.

30 mars

Dès aujourd'hui, dès maintenant, profitons de chaque instant de la vie car il est unique et ne reviendra plus.

31 mars

La plus grande histoire d'amour commence par l'amour de soi. Se remplir de cet amour pour ensuite le partager avec les personnes qui en valent la peine et le méritent.

1 avril

L'inspiration, c'est comme aller aux toilettes, ça ne sort pas quand on veut, même quand on pousse fort !

2 avril

La richesse vient aussi de la prise de conscience de notre propre valeur. Nous sommes un diamant pur et parfait. Le reste n'est que des déguisements, des croyances, des décorations, des illusions.

3 avril

L'affirmation de soi ne passe pas par l'approbation de l'opinion des autres.

4 avril

Nos avis ne sont pas malléables pour plaire ou déplaire. Si ça plaît, on pourrait devenir ami. Si ça déplaît : « on s'appelle un de ces quatre ! ».

5 avril

On ne convaincra personne qu'on a raison ou qu'on a tort car nous avons tous tort et raison à la fois.

6 avril

La peur du regard des autres cache le jugement qu'on a de soi-même. Si on s'aime sans avoir le besoin que l'autre nous le confirme, on passe au travers de leurs points de vues subjectifs.

7 avril

Les critiques sont en réalité les limites de la vie des critiqueurs qui n'en calent pas une la plupart du temps. Les chiens aboient, la caravane passe.

8 avril

Si l'idiot avait conscience qu'il est con, alors il deviendrait intelligent.

9 avril

L'intelligence est la lumière chaleureuse et aimante qui éblouit les ombres froides et haineuses de l'ignorance.

10 avril

Les émotions négatives ne doivent pas rester dans les organes ou l'aura. Elles doivent sortir soit par la prise de terre, soit en les purifiant par le feu du Mahakala.

11 avril

Au final, on est tellement heureux et plein d'amour pour soi, que les gens tristes et ombrageux nous évitent et disparaissent automatiquement.

12 avril

Être en présence d'un éveillé induit qu'on a envie de faire le bien. En regardant vers lui, tu te vois tel que tu es réellement.

13 avril

La colère ne doit jamais être étouffée. Elle exprime que notre moi profond est en désaccord avec l'environnement. Et par conséquence, la colère exprime la puissance de ce qu'on veut vraiment.

14 avril

Bien utilisée et canalisée, la colère est capable de construire la pyramide de Keops.

15 avril

La pyramide de Keops fut construite par les Horus, ces extraterrestres oiseaux, par fusion quantique de la pierre, découpage lazer, et télékinésie.

16 avril

La mort est transcendée par la compréhension que la vie dans la matrice est une pure illusion holographique de la conscience. Dès lors, si la vie n'existe pas, la mort n'existe plus ! Alors, l'infini apparaît.

17 avril

L'hospitalité est de prendre soin de ses invités comme d'un membre de la famille. Fait comme chez toi, mais n'oublie pas que tu es chez moi...

18 avril

La guérison n'est pas le fait d'aller chez le médecin et d'en ressortir avec une prescription. Elle provient du malade qui applique dans sa vie les changements nécessaires pour rétablir et ensuite entretenir sa bonne santé. La guérison vient donc du malade et non pas du médecin.

19 avril

Si on ne peut pas guérir toutes les maladies complètement, au moins nous pouvons vivre sereinement avec cette maladie.

20 avril

La paix de l'esprit est plus importante que la bonne santé du corps. L'esprit serein encourage les cellules à d'avantage de santé et offre un terrain plus propice à la guérison.

21 avril

Prenons soin de notre corps. Ce véhicule de notre âme préfère les nourritures et l'eau de qualité. Apprendre à cuisiner sainement est facteur de santé et de longévité. L'alimentation est la première médecine.

22 avril

Bouger, marcher, danser, courir, nager, faire du vélo... Peu importe le moyen que vous aimez pratiquer, il faut le faire chaque jour modérément, et s'arrêter complètement un jour par semaine.

23 avril

L'esprit est telle une pâte à modeler multidimensionnelle. Elle prend forme, change en permanence, peut apparaître ou disparaître mais pas comme on le pense ou on le croit. On peut faire ce que l'on veut de son esprit.

24 avril

L'esprit ne peut pas être pris dans les mains ou être capturé, pourtant il est aussi solide qu'un rocher.

25 avril

L'esprit peut tout apprendre si on le souhaite. Mais la réalité de l'esprit vient de la libération des conditionnements appris, par la sublimation de la conscience.

26 avril

Si la connaissance montre le chemin, l'esprit doit parcourir tout le trajet expérimental pour comprendre la sagesse.

27 avril

Le sage sait qu'il est con.

28 avril

Lorsque la joie apparaît, l'âme s'exprime.

29 avril

Pour arriver haut et loin, il faut enlever tous les poids, tout ce qui nous entravent, nous limitent, depuis nos pensées jusqu'aux personnes toxiques.

30 avril

Il ne faut pas sortir de sa zone de confort, il faut l'étirer à la taille de l'univers.

1 mai

L'amour pour une personne passe par la réciprocité, l'égalité, le partage et la légèreté.

2 mai

Femme qui rit, femme dans son lit !

3 mai

L'amour entre deux personnes est d'une simplicité : « je t'aime ! ... Moi aussi ! ». Le reste n'est pas de l'amour.

4 mai

L'amour augmente le taux vibratoire tel que toutes les expansions et coïncidences de la vie nous sourient et nous accueillent.

5 mai

L'amour ouvre la porte au sens réel de la vie.

6 mai

On est vieux que lorsqu'on arrête de rire. Peu importe son âge, l'individu triste et geignard est déjà sur le banc de touche de la vie.

<h2 style="text-align:center">7 mai</h2>

Sur Terre, il y a deux catégories de personnes : les vivants et les morts-vivants sans âme. Les vivants peuvent encore s'en sortir et s'éveiller. Les zombies, eux, ne sont que les excroissances de la matrice.

<h2 style="text-align:center">8 mai</h2>

La maturité est trop dure et sévère, sauf pour les steaks de boeuf ! Je préfère la bonne humeur de l'immaturité !

9 mai

L'ennui n'apparaît que lorsqu'on est pas à la bonne place ou avec les bonnes personnes.

10 mai

L'art est le moyen d'exprimer l'émotion d'une situation, d'une personne, d'un objet, d'un événement...

11 mai

Les coïncidences ne sont pas que de croiser une personne qu'on a plus vue depuis un moment, elles sont une permanence d'interprétations diverses dans le flux d'un fleuve.

12 mai

Quand des gens du passé refont surface au présent, surtout, fermons notre porte. Il n'y a rien de nouveau à raconter et les gens ne changent pas, même après trente ans !

13 mai

La chance n'arrive pas par hasard. Elle se demande, elle s'invite, se crée et c'est un événement plus que mérité dans l'ordre des choses.

14 mai

Seules les personnes malhonnêtes se font voler ou cambrioler. Le karma régule l'injustice.

15 mai

La beauté d'un tableau arrive à la conscience de l'observateur lorsque la fréquence énergétique de l'oeuvre ouvre la porte de ses émotions.

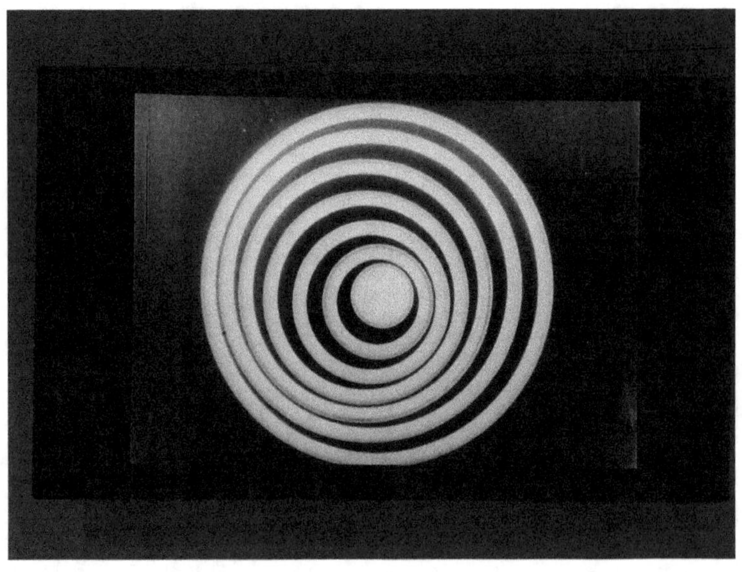

16 mai

L'art est d'accéder à l'immortalité en laissant des souvenirs. Si ça plaît, on se souviendra de vous.

17 mai

La spiritualité se pratique par des actes concrets de bienveillance dans la vie de tous les jours.

18 mai

Les gens malveillants ne font pas partie des fréquentations des éveillés. Ils ne méritent que ce que leur karma va leur apporter.

19 mai

Seuls ceux qui sont en recherche de quelque chose de meilleur écoutent le message que diffuse les éveillés.

20 mai

L'éveil n'est pas une chose à atteindre, mais un état de conscience à comprendre et ensuite intégrer, pour être appliqué par la suite au quotidien.

21 mai

Les Bouddhas ne sont pas des bisounours d'amour inconditionnel tels que les hippies végan new age. Les Bouddhas sont des guerriers qui ont vaincus toutes les guerres avec eux-mêmes, et qui sont désormais en paix pour l'éternité.

22 mai

Les idiots sont toujours agglutinés en troupeaux. Si on en croise un, son entourage sera au même niveau de bêtises.

23 mai

La bonté est toujours récompensée. Si ça ne vient pas directement, elle utilise d'autres sentiers très surprenants !

24 mai

Il est essentiel de ne jamais rien répondre à l'appel de la dualité, du mal ou de l'ignorance, car c'est ce qu'ils attendent !

25 mai

La police n'est pas là pour protéger le citoyen et rendre justice. Elle sert à appliquer les lois dictatoriales du gouvernement, qui arrangent bien ses prétendants et les caisses de l'état.

26 mai

Le pire avec les ennemis, c'est de se rendre compte qu'ils font partie de nous !

27 mai

L'éveil signale notre dernière incarnation terrestre. Nous vivons déjà maintenant le Nirvana. Nous avons tout ce que nous avons besoin. Le mal et la souffrance ne nous atteignent plus. Nous sommes cette fréquence de pure lumière linéaire.

28 mai

Un Bouddha n'est pas une personne supérieure qui sait tout mieux que les autres. C'est juste une personne qui sait, une personne de la voie du milieu.

29 mai

Les problèmes n'existent que car on les qualifie de problématiques. Les solutions existent car les problèmes existent. La solution a ce problème est que le problème n'en est pas un à la base.

30 mai

Nous avons sur notre chemin tout ce que nous attirons, tout ce que nous méritons. Même l'injustice apparente des événements est juste et correcte. Assumons notre responsabilité car notre pouvoir est ainsi révélé.

31 mai

Les démons ne sont plus nécessaires pour mettre le chaos sur Terre. Les humains remplissent déjà cette fonction et de façon autonome.

1 juin

Les anges sont des Anunnakis travestis en agneaux. Ils nous ont amélioré génétiquement pour l'esclavagisme de leurs colonies. Nous servons de batteries à ces êtres transdimensionnels.

2 juin

Anges et démons sont exactement la même variété d'êtres. On ne pas leur faire confiance au risque d'y laisser son âme. C'est ce qui leur manque et ce qu'ils aimeraient capturer car eux sont mortels.

3 juin

Les aliens visibles par nos sens ne sont qu'une partie infime de ce qui tourne dans le ciel, au fond des océans, dans certains corps à l'apparence humaine...

4 juin

Le coronavirus est la 3ème guerre mondiale en cours : terrorismes médiatiques, désinformations, enfermements, peurs paranoïaques, soumissions, censures, répression en cas de rébellions, reset économique mondial... Rejoignons la rébellion de ceux qui ont compris et qui savent !

5 juin

L'ère du Bouddha Siddharta s'achève. L'ère du Bouddha Maitreya commence. La roue du Dharma est tournée...

6 juin

Le vaccin contre le coronavirus sert à modifier notre génétique pour nous soumettre . En effet, les Anunnakis ont remarqué que beaucoup de personnes s'éveillent à la conscience universelle et deviennent ainsi totalement libérés. Dès lors, il leur faut nous abrutir suffisamment pour qu'on continue à leur servir d'esclave et les nourrir en énergie.

7 juin

La solution au climat est le reboisement massif et intensif. Que chaque citoyen plante le plus d'arbres qu'il peut.

La politique est la pièce de théâtre mélodramatique pour un public passif et neurasthénique, qui pense qu'il détient une quelconque incidence sur la déroulement de la pièce en dessinant un point rouge sur une feuille de vote de temps à autre... Notre pouvoir et notre potentiel d'action est ailleurs, notamment dans le refus de la consommation...

9 juin

Les franc-maçons font des traités et des accords galactiques avec les aliens depuis bien longtemps.

Quelles que soient les sources d'informations, il y a un enjeu caché derrière. Le but va d'attirer l'attention, prendre le temps et l'énergie, inciter à une réaction émotionnelle, induire un comportement, faire de l'argent, terroriser pour mieux contrôler. La vérité est ailleurs...

11 juin

Le bonheur est aussi dans la bonne cuisine ! Savoir profiter des produits de qualité et perfectionner ses talents de cuisinier est une source importante de bien-être et de santé.

12 juin

Le bonheur n'arrive pas par hasard au coin de la rue. C'est le résultat d'un effort personnel, d'un travail intensif, d'une recherche qui prendre les années, voire des milliers de vie.

13 juin

Le bonheur est non-dépendant des circonstances extérieures. C'est un état d'esprit intérieur qui se reflète vers l'extérieur.

14 juin

Le summum de la solitude est d'avoir des centaines d'amis et de se sentir quand même seul et vide.

15 juin

Pour ne jamais être seul, devenons notre meilleur ami. C'est la seule personne qui ne nous trahira pas, celle digne de confiance !

16 juin

Pour sortir de la dépendance affective, il suffit de s'aimer suffisamment pour se suffire à soi-même. Ainsi, l'autre devient un choix et non plus un besoin.

17 juin

Pour se dégager des pervers narcissiques et autres parasites énergétiques, il ne faut pas tolérer une seule once de critique négative ou autre dénigrement placés pour une excuse quelconque. Il faut refuser impérativement tous les poisons énergétiques sous toutes leurs formes et dès qu'ils apparaissent.

18 juin

Pour être respecté par les autres, il convient encore et toujours de se respecter soi-même, de s'aimer, et cela passe par notre propre reconnaissance de notre valeur.

19 juin

L'amour propre est la base. L'amour d'autrui n'a aucune importance ni valeur si on ne s'aime pas d'abord complètement et totalement.

20 juin

Pour casser les limites à la rapiasserie, on peut faire des donations ponctuelles, sans aucune attente d'un quelconque retour. De toute façon, ça reviendra sous une autre forme, par d'autres personnes, et de façon exponentielle à l'intention première.

21 juin

N'importe quel voleur sera volé. De plus il restera dans la pauvreté de son esprit matérialiste. Et son karma le lui fera payer en proportion exacte à l'injure première.

La générosité vient de l'ouverture du coeur. Une personne sans coeur sera radine par excellence. Elle sera pauvre, sèche et vide d'amour, de joie et d'intelligence. La personne généreuse sera riche et rempli d'énergie justement car il aura donné !

23 juin

La richesse est présente dans tout l'univers. Il faut affirmer son droit à cette richesse, et passer à l'action par ses efforts continus. Ainsi, l'univers nous donnera l'abondance que nous méritons. En effet l'univers, dans son amour immense veut que nous ne manquions de rien.

24 juin

L'abondance vient aussi de ses capacités à exploiter ses immenses richesses intérieures. C'est toujours depuis son esprit qu'on peut prendre conscience de sa valeur et la matérialiser.

25 juin

Il faut reconnaître les besoins sur le visage des personnes et les aider par des actions concrètes.

26 juin

Au lieu de faire des offrandes aux statues de Bouddha, donnez un sandwich à celui qui a faim. Les statues sont seulement de la décoration.

27 juin

Les chats sont là pour nous apprendre à bien manger, bien dormir, ronronner et faire des balades. Ils nous donnent le mode d'emploi de la santé.

28 juin

Les chats sont là pour absorber les mauvaises énergies des lieux et des personnes. Ils purifient les énergies et apaisent.

29 juin

Les chats nous apprennent à faire tout ce que l'on veut, à surtout n'en faire qu'à sa tête en n'ayant rien à foutre des autres, de leurs opinions et de ce qu'ils peuvent bien penser !

30 juin

Celui qui promène son chien est-il le promeneur ou bien le promené ? Un chat c'est quand même mieux !

1 juillet

D'après les anciennes théories, la véritable compassion serait d'aimer tout le monde même ses ennemis. Moi, je préfère aimer ceux que j'ai envie !

2 juillet

Sur Terre, les lions ne se mélangent pas aux gazelles. Ainsi, restons avec les personnes qui nous conviennent.

3 juillet

Dans les lois de la jungle, le requin est l'animal préhistorique le plus adapté à la situation planétaire. Ça veut tout dire !

4 juillet

Le pardon passe aussi par le fait de ne plus jamais retourner vers les personnes qui ont essayés de nous nuire, les rayer activement de notre vie, de nos pensées et de nos émotions.

5 juillet

Un homme âgé, plein de maladies et positif au coronavirus, meurt du coronavirus. Un homme âgé, plein de maladies et qui fait le vaccin coronavirus et ensuite meurt : il meurt à cause de ses maladies... Logique non ?

6 juillet

Le summum de la réussite c'est de prendre conscience qu'on a toujours été au top. La réussite est le chemin.

7 juillet

Ne jamais sous-estimer la puissance guérisseuse d'un bon steak avec des frites !

8 juillet

Le commerçant qui vend des produits uniquement pour faire de l'argent, n'aura que ce seul retour. Celui qui vend des produits pour rendre le client heureux, aura la satisfaction et la reconnaissance de son travail.

9 juillet

Le maître n'enseigne qu'à celui qui est prêt à écouter.

10 juillet

Quand le maître est prêt, l'élève apparaît.

11 juillet

L'élève devient un maître lorsqu'il est autonome de son maître.

12 juillet

La plus grande leçon du maître est le silence.

13 juillet

Le silence exprime les émotions les plus inexprimables par les paroles.

14 juillet

Soulager les souffrances des autres ne veut pas dire éponger et prendre sur son dos leurs soucis. On leur signale juste une direction à prendre ou pas vers la libération des souffrances. C'est tout.

15 juillet

La guérison n'apparaît pas forcément quand la maladie disparaît, mais en tout cas lorsque la souffrance de la maladie n'existe plus.

16 juillet

Le rire n'est pas le sourire sur les lèvres. Il remplit tout le corps intérieurement pour ensuite ne plus parvenir à être contenu et exploser vocalement.

17 juillet

La joie est la première marche de l'escalier qui mène à la libération complète. Cultivons-la.

18 juillet

Pratiquer la spiritualité ne veut pas seulement dire prier et faire des offrandes. C'est faire des actions de compassion concrètes pour soi-même et les autres au quotidien.

19 juillet

Les Bouddhas sont partout. Allez vers eux et vous irez vers votre fort intérieur. C'est là que se situe votre propre bouddhéité.

20 juillet

Je confirme la véracité quantique du prout :
on ne le voit pas et pourtant on le sent !

21 juillet

La matière visible n'est que le sommet de
l'iceberg. Tout le reste apparaît au clairvoyant ou
est ressenti par l'intuitif. L'ensemble est pourtant
encore une partie de la réalité.

22 juillet

La réalité ultime n'est pas définissable par des mots. Elle se comprend via notre âme qui en prend conscience. C'est ça l'éveil spirituel.

23 juillet

Pour avoir tout ce qu'on veut, il faut le demander à la conscience universelle et faire ce qu'il faut pour la matérialiser. L'univers nous donnera toujours ce qu'on mérite.

24 juillet

Lorsqu'on touche le Bouddha en nous, on rejoint la réalité. Autour ne sont que les illusions. Le Bouddha est l'univers tout entier. Nous sommes l'univers en réalité.

25 juillet

De toutes les émotions, la joie est l'émotion spirituelle la plus puissante et révélatrice qu'on se trouve sur le bon chemin.

26 juillet

Si on ne sait pas ce qu'on veut, l'univers nous enverra un peu de tout et son contraire. Si on précise notre volonté et si on supprime activement de son esprit les contraires, on aura exactement ce qu'on veut.

27 juillet

Un esprit négatif ne nous donnera jamais une vie positive. L'esprit créant la réalité, notre pensée positive bâtira donc une vie positive et agréable.

28 juillet

La poésie est une manière sophistiquée de transmettre un enseignement. Elle exprime directement l'image qui suggère l'émotion d'une idée, pour inciter à la conscience de s'éveiller.

29 juillet

Les conseils bienveillants donnent des suggestions de pistes à explorer soi-même pour ensuite façonner son propre avis, sa propre voie.

30 juillet

Notre pouvoir de création est illimité. Nous pouvons toujours construire un nouveau projet, réaliser nos rêves, tout ce qui nous fait envie. Il n'est jamais trop tard sauf pour celui qui trouve une excuse pour ne rien faire.

31 juillet

L'espoir doit être vrai pour être fonctionnel. S'il est faux, on est foutu.

1 août

Le karma fait que tous nos ennemis sont annihilés et que tous nos amis sont couverts de bénédictions. Nos prières et nos invocations se réalisent car nous avons le pouvoir.

2 août

La patience est de comprendre que le temps n'attend pas. Tout arrive pile-poil au bon moment dans un instant synchronique chronométré au moment présent.

3 août

L'imagination est une forme de réalité de l'esprit. Ce qu'on imagine existe vraiment, peut-être pas matériellement, mais dimensionnellement.

4 août

Le silence nous permet d'écouter nos propres pensées, d'entendre l'herbe pousser, d'accéder aux données de la conscience universelle. Le silence vaut effectivement de l'or.

5 août

Dans le silence, on peut tout voir depuis son oeil intérieur. On peut tout savoir par son intuition. Celle-ci se transforme en certitude car on le sent, on le sait.

6 août

La prière est la ligne directe de communication avec l'univers. Ce qu'on demande, on le reçoit selon nos besoins justes.

7 août

L'injustice n'existe pas en réalité. Tout est mérité en bien ou en mal. C'est la récolte des fruits bons ou pourris qu'on a semés et cultivés, même parfois dans des vies antérieures...

8 août

Dans une blessure, trouvez la force et l'impertinence de rebondir encore plus haut, encore plus fort ! Nous ne sommes pas la douleur, nous sommes le bonheur.

9 août

Lors de l'éveil « seul contre tous les ennemis » se transforme en « avec tous mais avec parcimonie vu l'idiotie généralisée ! » .

10 août

Pour se libérer de la culpabilité, libérez-vous des religions. Nous n'avons jamais été coupables. Nous ne sommes pas soumis à un Dieu. Nous sommes Dieu. Nous avons tous les pouvoirs et la puissance ! Il faut juste s'en rendre compte.

11 août

Ne jamais attendre la goutte d'eau qui fait déborder la vase. Dire directement les choses qui nous déplaisent permet de nous affirmer dans celles qui nous aimons.

12 août

Il n'y a pas de limites que celle de la volonté.

13 août

La mort n'est que l'abandon de la fréquence vibratoire de la matière. Nous poursuivons dans d'autres sphères dimensionnelles de l'âme universelle.

14 août

Les prophéties sont toutes fausses, car elles se basent sur des histoires trop anciennes pour être encore d'actualité aujourd'hui, surtout dans un monde qui change de plus en plus rapidement et pas dans le bon sens. Le futur n'est donc pas écrit. C'est à nous de le créer positivement.

15 août

Puisque l'ère du Bouddha Siddharta se termine, commençons sur des bases actuelles même si les anciens enseignements sont toujours aussi vrais. L'ère du Bouddha Maitreya se répand et s'accroît de jour en jour. La mise à jour est en cours...

16 août

L'illumination est de comprendre que nous sommes tous capables d'éveiller en nous notre bonté et d'accomplir des actions bienveillantes.

17 août

Le partage est la base de toutes les relations. Sinon, c'est de l'extorsion de fonds qu'on trouve dans les relations à sens unique, et qui méritent d'être stoppées immédiatement.

18 août

On ne sauvera pas le monde. On sauvera juste son âme de ce monde par l'éveil. Cette matrice expérimentale ne sera jamais une terre d'amour et de paix. Elle a été conçue pour enseigner les leçons de la vie. Seule notre âme peut être en amour et en paix !

19 août

Le nirvana est déjà présent ici et maintenant parmi une planète où règne la souffrance. Il s'agit de se dépouiller de tous les concepts créés par le mental pour s'apercevoir que la lumière est déjà allumée.

20 août

Celui qui sait, sait qu'il ne sait pas.

21 août

La connaissance omnisciente concerne un autre type de savoir que la sagesse scientifique et technologique. Il s'agit de faire la symbiose avec la conscience universelle.

22 août

Aider son prochain doit être une activité quotidienne dès qu'on nous en fait la demande sincère. Mais il faudra aussi prendre en considération de s'aider soi-même également.

23 août

La nature est la source pour se régénérer, se décrasser énergétiquement, bouger, respirer, profiter du soleil. C'est indispensable d'aller le plus souvent possible se balader dans la nature.

24 août

Le soleil est la source de lumière, de chaleur, de vitamine D indispensable à la bonne santé et la bonne humeur.

25 août

Faire l'amour est une puissante connexion avec l'âme de l'autre personne. C'est un moment de partage, de bénédiction, de bien-être, de plaisir et de fusion.

26 août

Le courage est de ne jamais croire ceux qui essaient de nous faire abandonner par des procédés vicieux. Au plus les ennemis seront nombreux à vouloir notre déchéance, au plus la gloire de la réussite sera époustouflante et aura de la valeur !

27 août

Le courage est une attitude à acquérir par l'obstination de sa volonté à affronter l'adversité. Elle en devient une habitude et donc un trait de caractère d'une personne courageuse.

28 août

Réussir envers et contre tous proclame la plus puissante des victoires personnelles.

29 août

Atteindre ses objectifs est simple. Commencer est le plus dur. Ensuite, le mouvement est amorcé, il suffit de l'entretenir. Donc, pour y arriver, il suffit presque que de se lancer !

30 août

Notre sourire et notre optimisme déplaît aux personnes tristes et pessimistes car ça ne correspond pas à leur sombre réalité. Soyons fier de leur déplaire !

31 août

Ne pas suivre le troupeau permet de réaliser des choses encore jamais vues. Nos rêves ne sont pas des rêves sur un nuage, mais des objectifs à matérialiser concrètement !

1 septembre

La majorité des gens demeurent dans l'ignorance. Cet état est entièrement de leur responsabilité et ça n'est pas une excuse pour justifier un comportement. Ils ne sont pas à blâmer, mais à plaindre.

2 septembre

La matrice terrestre est un véritable mouroir à l'échelle planétaire. On est tous condamné aux travaux forcés à vie pour ensuite y passer ! C'est ici l'enfer. Mais c'est à nous de toucher le Nirvana en nous, pour le vivre dès maintenant et au-delà de la vie, pour l'éternité. Sans quoi on sera condamné à revenir encore et encore, recommencer le même cinéma dans le cycle des renaissances.

3 septembre

Affirmons le connard qu'il y a en nous ! Je veux dire par là que nous ne sommes pas ici pour caresser les opinions changeantes de tous dans le sens du poil. Nous devons être nous-mêmes. Nous devons irradier notre lumière et surtout tant pis pour ceux qui sont pas d'accord !

4 septembre

Nos actions déterminent notre lignée comportementale. Nos paroles ne sont que du vent en réalité. Ce sont les preuves actives qui laissent des traces dans le coeur des gens.

5 septembre

Les péchés sont pour les coupables. A la base, nous ne sommes pas impurs, nous sommes parfaits. Ne croyez donc pas en une quelconque culpabilité car c'est un mensonge créé pour vous soumettre !

6 septembre

Si les religions fonctionnaient, alors ça ne serait pas l'enfer ici ! Ce sont des inventions pour soumettre les gens à obéir avec les oeillères d'une foi aveuglante. Ça arrange bien les Anunnakis que les gens se mettent à genoux à supplier leurs conneries.

7 septembre

Les religions sont comme les médias grand public. Ils ne tolèrent aucune remise en question ou esprit critique car elles se définissent comme des vérités sacrées. Elles sont juste des outils de manipulations mondiales pour contrôler les citoyens crédules.

8 septembre

Ce sont les lois de l'univers qui nous obéissent et non pas le contraire. Lorsqu'on atteint la terre des bodhisattvas au niveau du pouvoir, on peut l'utiliser à sa guise car l'univers nous fait confiance et nous lui faisons confiance également.

9 septembre

Le Bouddha Maitreya a fait tourner la roue du dharma. Son nouvel enseignement est occupé à se diffuser en symbiose avec celui du Bouddha Siddharta. Les choses changent, la roue tourne. Tout se paie. Rien n'est oublié. C'est l'heure...

10 septembre

Avoir confiance en soi génère le fait que les autres ont confiance en nous.

11 septembre

S'affirmer permet aussi d'affirmer le choix de son entourage. Vouloir plaire à tout le monde, c'est demeurer n'importe qui, autrement dit « personne ». Soyons donc nous-mêmes et entourons-nous d'amis qui nous le rendent suffisamment bien.

12 septembre

Les faux amis sont des parasites énergétiques qui pompent. S'en débarrasser, c'est vivre plus léger, sans poids morts, et donc arriver à atteindre ses objectifs plus rapidement, plus efficacement.

13 septembre

Les vérités qui ne plaisent pas sont plus difficiles à admettre que les mensonges qui caressent dans le sens du poil.

14 septembre

La majorité qui constitue la normalité a tort. Ce sont les éveillés qui sont les personnes normales sur Terre, pas le contraire.

15 septembre

Les 99% de la population sont dirigés par le 1% qui veulent seulement leurs soumissions et leurs obéissances loyales et totales. Dès lors, qui a le réel pouvoir ?

16 septembre

Soyons attentif à notre sérénité intérieure. Dès lors, peu importe les événements extérieurs, on se sent quand même bien intérieurement !

17 septembre

Se déconnecter de la matrice et ses valeurs de la matière pour se reconnecter à l'univers et ses valeurs quantiques.

18 septembre

Sortir de la matrice est de se rendre compte de la supercherie globale terrestre. Dès lors, ceux qui ne se sont pas encore déconnectés n'ont plus rien à nous apporter et sont à bannir, car ils iront jusqu'à défendre les mensonges de la matrice.

19 septembre

Ne pas juger est refuser consciemment de se servir de son discernement et de son bon sens. C'est se bander les yeux devant l'évidence.

20 septembre

La tolérance n'est qu'une forme de soumission sans limite. Quand une chose ou une personne dépasse les limites de ce qui est acceptable, on se doit de ne pas les tolérer.

21 septembre

Savoir dire non et déplaire aux autres est primordial à son épanouissement personnel. Ainsi, on reste fidèle à soi-même et à ses propres valeurs.

22 septembre

Un homme se définit par ses actes et non ses paroles. Donc, la plupart des écrits littéraires sont hypocrites. C'est de la poudre aux yeux...

23 septembre

Les vrais voleurs et criminels ne sont pas ceux qui peuplent nos prisons, ce sont les dirigeants politiques de nos nations !! Et les lois votées couvrent leurs arrières...

24 septembre

Le rire le plus rigolo est de travailler son « hahahaaa » machiavélique jusqu'à mourir de rire, car ça soulage de ricaner de ceux qui ricanent de nous...

25 septembre

Moi, j'ai le droit ! Car les lois sont illégales, et les religions sont immorales.

26 septembre

La démocratie et la liberté ne sont pas des textes qui moisissent dans la poussière. Ce sont des actes de vies à défendre lorsqu'elles sont attaquées par des dirigeants qui se croient tout permis sous prétexte que... Si c'est par la guerre et le combat qu'il faut restaurer la liberté et la démocratie, alors battons-nous !

27 septembre

Les Bouddhas ne sont pas des bisounours d'amour inconditionnel. Ce concept est pour les fumeurs d'herbe végan. Ils sont en réalité des guerriers qui ont vaincus toutes les guerres. Et leur force intérieure est visible et palpable.

28 septembre

Jamais on a obligé les gens à ne pas manger de viande, ni d'oeuf pour leur santé ou leur moralité. Nous avons été conçus omnivores et les végans sont des maigrichons en mauvaise santé, pâles et sans force.

29 septembre

Ne croyez pas en dieu, croyez en vous-même car en réalité vous êtes dieu et vous avez tous ses pouvoirs.

30 septembre

La vérité ultime après des années de recherche intérieure sous diverses formes : il n'y a pas de vérité, mais une réalité à comprendre, à assimiler et à appliquer concrètement.

1 octobre

Insister dans la matière est aller à contre-courant de ce que l'univers nous conseille. Sur la voie juste, toutes les portes sont ouvertes. Pas besoin de frapper.

2 octobre

S'il n'y a pas de pont pour traverser la rivière et que l'unique issue est de la traverser, l'univers nous mettra un pont sur notre route.

3 octobre

Les gens qui font le mal ne comprennent pas que non seulement, ils le font à eux-mêmes, mais en plus ils auront le jugement et condamnation karmique à la juste mesure du méfait accompli. Évitons donc de faire le moindre mal aux autres.

4 octobre

La magie existe en bien ou en mal, et ça marche. L'un comme l'autre sont des basses vibrations. Pour s'en libérer, il suffit d'augmenter sa fréquence vibratoire. Notre lumière dissipe et élimine toutes les ombres, même celles qui se font passer pour des lumières bienveillantes et qui ne le sont pas du tout en réalité.

5 octobre

Derrière les apparences, derrière les façades, derrière les faux sourires, derrière l'apparence de richesse, se cache la réelle déchéance. Au-delà des apparences, se situe également le trésor authentique. Discernons les différences...

6 octobre

Dans l'histoire, c'est toujours un petit groupe d'individus conscients et engagés qui ont changé le monde. Ça n'est pas la majorité mais la minorité. Ainsi, 1% des gens sont éveillés, et ce sera suffisant pour sauver le monde.

7 octobre

La pitié est la nouvelle compassion dans ce monde en perdition.

Peindre une toile est une véritable méditation en soi. Elle dure plusieurs heures durant lesquelles l'artiste explore les vastes plaines de son esprit, pour exprimer une dimension qui le dépasse.

9 octobre

La citation est une leçon de vie résumée en une phrase. Sorte de conclusion d'une expérience vécue, elle permet d'exposer directement le but recherché depuis un sujet.

10 octobre

En faisant les choses par soi-même, même celles qu'on ne se croit pas capable, non seulement on aura ainsi la certitude que ça sera effectué, mais en plus on sera fier du résultat obtenu, peu importe ce qu'en pense les autres.

11 octobre

Demander aux autres de nous aider induit un biais et une incertitude de la finalité recherchée. En travaillant en solo, on sait que toute la création repose sur soi de façon complètement autonome et indépendante.

12 octobre

Se soucier des autres est le cadet de nos soucis, car au final et de toute façon ils se foutent complètement et totalement de nous.

13 octobre

« Voir loin pour aller loin et arriver loin » n'est pas une vue de l'esprit, mais une marche à suivre, ou pas... Tout dépend où vous souhaitez arriver.

14 octobre

Rien n'est trop étroit qu'un horizon pas suffisamment élargi à sa juste réalité.

15 octobre

Tout ne s'explique pas par la science. Ça ne veut pas dire que ça n'existe pas pour autant ou que ce n'est pas valide. La science n'est pas le seul dieu de la connaissance véritable.

16 octobre

L'infini est la dimension complète de la prise de conscience de soi.

17 octobre

Être intelligent est inné, on acquiert juste de la connaissance pour apprendre à savoir s'en servir. Être con est donc également inné, ils perdent juste leur temps à essayer de sauver en vain les apparences...

18 octobre

S'il est possible pour un intelligent de faire le con, il est beaucoup plus difficile à un con de passer pour intelligent.

19 octobre

Jésus n'a jamais existé. C'est une invention pour soumettre le peuple. Il serait mort à 33 ans, car « 33ème degré » de la franc-maçonnerie... Tous les archanges et anges ailés ne sont qu'en réalité des Anunnakis, et les maçons ont des accords avec eux.

20 octobre

On sera toujours critiqué sur tout ce que nous faisons, même quand on ne fait rien... Et ce sera toujours par ceux qui font moins ou rien, par les chômeurs professionnels. Les jaloux ont bien envie de réussir comme nous, seulement ils n'en sont pas capables. Ils n'ont ni la volonté, ni les couilles, ni l'intelligence et encore moins la matière nécessaire à la réalisation de l'ouvrage !

21 octobre

Le talent des incapables est leur capacité à ne rien faire, juste tenter de dénigrer et ternir les gens qui réussissent car c'est leur unique façon d'exister !

22 octobre

Pourquoi se justifier aux autres de ses pensées, de ses émotions, de ses actes alors qu'il suffit juste d'irradier son soleil intérieur. Ils n'ont qu'à mettre des lunettes de soleil si ça les dérange !

23 octobre

Dans les écoles, l'élève en difficulté est mis à l'écart et éliminé par les professeurs, au lieu d'être aidé et soutenu. Les mauvais professeurs devraient plutôt expliquer correctement de façon à ce que l'élève comprenne et progresse. Non, c'est juste de la sélection nazi dans la compétition de la dualité.

152

24 octobre

La société nous conditionne à nous déconnecter de la nature mais également de notre véritable nature. C'est pourquoi nous devons cultiver au maximum la connectivité à soi-même et à la Terre.

25 octobre

L'alimentation saine est la première source de bonne santé. Boire de l'eau, manger des vrais légumes qui ont pris le soleil. C'est autre chose que le carton-plastique-peinture qu'on nous sert en fast-food.

26 octobre

La cause des cancers est connue et ce sont les mêmes qui arrosent les cultures de pesticides qui vendent les chimiothérapies : les entreprises de destructions cellulaires. Il y a aussi l'irradiation permanente des réseaux de communications !

27 octobre

Nous ne sommes pas le flux incessant de notre mental. Seulement à l'arrêt de cette roue dynamique, on peut voir la lumière.

28 octobre

Ce monde est tellement malade que bientôt ce seront les pédophiles qui se défendront d'avoir été violé par des enfants. Les psychopathes sont toujours ceux qui se présentent en victimes.

29 octobre

Les personnes mal intentionnées ne gagneront pas. S'ils peuvent avoir l'apparence d'avoir réussi et pu en profiter, ils seront toujours tôt ou tard, où qu'ils soient, rattrapés par leurs karmas, même dans une autre vie. Telle est la loi.

30 octobre

Les enseignements du Bouddha Siddharta sont toujours valides et celles du Bouddha Maitreya sont actualisées selon l'état planétaire. La Terre a plus que jamais besoin de bienveillance et d'amour.

31 octobre

Il convient de sortir de l'aspect bisounours des précédentes philosophies. Savoir se défendre avec hargne, puissance et ténacité est indispensable à la survie dans ce monde hostile.

1 novembre

On a trop laissé faire et toléré la méchanceté et la dualité, comme si c'était quelque chose de normal et habituel au quotidien. Or, ce sont des comportements à bannir et boycotter fermement et cela dès leurs apparitions.

2 novembre

Ne sous-estimez jamais la valeur de faire une bonne action gratuite pour autrui. Même sans attente de retour, vous en serez déjà récompensé par le simple fait que c'est un acte de compassion. Le retour sera le bonus en plus.

3 novembre

Pour se libérer du passé, il faut demander au Mahakala de carboniser ses vieux démons, et sortir de sa vie les personnes négatives et toxiques. Ainsi, on respire beaucoup mieux ! L'univers nous testera pour voir si on a bien assimilé cette leçon et bien gardé ces portes de greniers fermées pour toujours...

4 novembre

Pour se libérer des vieux schémas, il suffit d'en créer des neufs ! Ressasser les mêmes choses pendant des dizaines d'années, c'est touiller dans la même purée inlassablement. Il faut changer de recette et préparer un nouveau plat !

5 novembre

Il existe une multitude d'extraterrestres trans-dimensionnels sur notre planète. Qu'ils soient visibles ou non, ils ne sont pas ici pour le bien de l'humanité. Nous sommes leurs nourritures énergétiques et ils nous parasites insidieusement pour nous pomper notre force vitale et capturer au final notre âme.

6 novembre

Ne jamais croire mes citations comme des vérités en soi. Vos points de vue comptent autant que les miens. Leurs valeurs sont égales.

7 novembre

Vous aussi vous avez des pouvoirs. Il faut juste s'en rendre compte, apprendre à les employer et les pratiquer.

8 novembre

Pas de fausses modesties, elles sont encore plus orgueilleuses. Affirmons-nous à notre valeur juste ! Et peu importe les réactions des autres, c'est pas notre problème.

9 novembre

L'éveil complet signale la dernière incarnation terrestre et l'extinction, ça ne veut pas dire que c'est terminé. On s'éclate dans la lumière pour l'éternité. C'est la souffrance qui est éteinte.

10 novembre

Quand on s'éveille on le sent, on le sait. Ce n'est pas l'aboutissement du chemin, il s'agit du début de l'enseignement pour ceux qui cherchent...

11 novembre

Je ne suis pas arrivé à comprendre l'idiotie humaine, elle est beaucoup trop intelligente pour moi.

12 novembre

Avec les idiots, on a beau être gentil, méchant, diplomate, subtil, pacifique, agressif ou quoi que ce soit d'autres, ils restent et demeurent des idiots... Même trente ans plus tard...

13 novembre

Nous n'avons pas autant de talents et d'expériences qu'un idiot qui se prend pour un génie. A côté d'eux, je ne suis qu'un débile.

14 novembre

La matière s'adapte aux besoins des éveillés en parfaits accords symbiotiques de ses demandes par invocations. Les Bouddhas sont l'univers et l'univers est les Bouddhas. Dès lors, toutes les créations sont validées au comité de gestion.

15 novembre

La pleine conscience est la pseudo-innovation occidentale qui sort du cadre philosophique. C'est triste de limiter la méditation à une forme de relaxation. Hors, le potentiel d'action est aussi spirituel et la pleine conscience n'est pas raccordée à l'océan. Elle est donc juste une vague isolée sans puissance...

16 novembre

La force spirituelle n'est pas l'amour, c'est de savoir survivre à la guerre sans perdre son âme. C'est donc le combat et la capacité à se battre, pas les bisous !

17 novembre

L'ego n'est pas à dissoudre. Il faut savoir penser à soi-même et être égoïste. Si on s'aime, on se doit de passer avant les autres.

18 novembre

L'amour propre est la base pour ensuite aimer les autres. Sans amour propre, la compassion n'est donc pas possible.

19 novembre

L'altruisme est bienfaisant et bien vu, mais tueur à outrance car on se vide complètement de trop aider son prochain. Il faut donc aider avec modération.

20 novembre

En ce qui concerne la compassion, le juste équilibre est de d'abord s'aider soi-même et s'aimer, et ensuite aimer et aider ceux qu'on estime qui en valent la peine et nous le rendent bien.

21 novembre

Aimer tout le monde est une utopie de bisounours. On a le droit de ne pas tolérer certaines personnes toxiques. C'est même nécessaire à notre épanouissement et notre bonheur de savoir leur fermer notre porte.

22 novembre

L'amour inconditionnel est le lavage de cerveau du New Age. Ainsi, on devrait tolérer aussi les mauvaises personnes ? « Non merci » est la bonne limite à savoir poser !

23 novembre

Pour en finir avec les regrets, dites-vous bien que si ça ne s'est pas réalisé, c'est le meilleur qui pouvait vous arriver !

24 novembre

L'univers complote en secret le plan pour notre bien. Le tout est de percevoir ce secret pour le comprendre et faire corps avec lui en conscience.

25 novembre

Le futur est écrit au présent si les choses continuent à évoluer dans ce sens. Il n'y a pas de surprise... Tout est conséquence d'une pensée, d'une intention, d'une action.

26 novembre

En s'approchant de la vérité, on se rend compte qu'il n'y en a pas. Tout le monde a raison et tort à la fois car la vérité n'existe pas. C'est juste une extension de notre esprit...

27 novembre

Vouloir déconnecter une « personne-extension » de la matrice, c'est comme vouloir déconnecter l'agent Smith de Matrix ! Surtout, gardez le silence car en réalité, la cuillère n'existe pas...

28 novembre

La loi du juste milieu est bonne, mais on doit aller au-delà du concept de l'équilibre entre le bien et le mal, entre les deux extrêmes. Voyons aussi les autres dimensions non-duelles.

29 novembre

La chose la plus importante sur Terre est sa santé. Sans elle, pas moyen de profiter des plaisirs de la vie. Prenons donc soin de nous avant tout et tout le monde !

30 novembre

Nous ne sommes pas ici pour nous ennuyer et souffrir des aléas des autres idiots et des circonstances dramatiques. Nous sommes ici pour nous amuser, nous éclater, nous faire plaisir et jouir de la vie !

1 décembre

En réalité, il n'y a pas de personnes mauvaises. Il n'y a que des gens incrustés par le mal, pervertis par la négativité et la bêtise dans laquelle les puissances opèrent pour qu'on demeure soumis et malléables selon leurs volontés et leurs plans secrets.

2 décembre

On est toujours bien servi par soi-même. Compter sur quelqu'un pour faire un travail à notre place, c'est induire un biais dans l'équation du résultat final. De plus, tout intermédiaire coûte la moitié de la marge, sans parler du parasitage si on a le courage d'ouvrir des voies nouvelles encore non explorées. Par soi, c'est la plus grande probabilité d'arriver toujours à ses fins.

3 décembre

Seul le mouton noir détient le pouvoir parce qu'il ne dépend de personne d'autre pour exister pleinement. Il est.

4 décembre

On ne peut arrêter quelqu'un qui est décidé, qui a la volonté, l'intelligence et les moyens. Celui qui sait créer ses propres coïncidences dans la matière peut tout réaliser.

5 décembre

Pour tendre vers l'infini, il convient de se libérer de la peur de mourir. Mourir peut survenir à n'importe quel instant. S'en rendre compte et l'accepter sans peur permet de comprendre que nous sommes l'éternité.

6 décembre

Développer ses dons, utiliser ses pouvoirs, les connaître, les intégrer pour les pratiquer au quotidien, voilà le chemin de l'épanouissement personnel.

7 décembre

Nous serons critiqués par les personnes qui ne font rien dans la vie, à part critiquer... Ces chômeurs professionnels, ces inspecteurs des travaux finis qui disent ce qui cloche. Trente ans plus tard, ils seront toujours au même endroit : dans le néant de leurs propres lassitudes.

8 décembre

Les asiles de fous ne sont plus nécessaires. L'humanité est suffisamment aliénée et enfermée dans leurs consciences carrées. Dès lors, les fous sont laissés en liberté, où ils se comportent à la hauteur de leurs folies.

9 décembre

Stupidité ou folie ? Je ne vois pas de différence tellement les deux éloignent de la conscience universelle. Le tout est d'arriver à comprendre le pourquoi fondamental de ce qui nous arrive, afin de ne pas reproduire sans fin les mêmes schémas.

10 décembre

Les médias ne sont pas au service de l'information démocratique et libre, ils sont un outil de la dictature gouvernementale pour manipuler l'opinion publique et induire des comportements à la population naïve.

11 décembre

La connaissance est une force puissante qui permet de développer son esprit, même si une tête bien faite est préférable à une tête bien pleine...

12 décembre

Les bâtisseurs d'une ancienne civilisation ont laissé partout sur Terre des traces pour dire qu'ils ont été là et n'y sont plus malgré la puissance de leurs technologies. Ils nous préviennent de l'aspect temporaire de toute civilisation.

13 décembre

L'âge ou les titres des diplômes ne signifient l'avancée en sagesse et en intelligence. Il existe donc des vieux idiots et des diplômés stupides.

14 décembre

Les plus grands voleurs et criminels sont au pouvoir et ne sont même pas poursuivis car ils ont émis des lois pour que leurs méfaits soient légaux ! Tandis qu'ils pointent du doigts le voleur de paquets de cigarettes et le tueur du dimanche...

15 décembre

Les citations citent une multitude de principes, de valeurs, d'opinions, de points de vues sur les choses. Mais la véritable réalité ne peut pas être limitée à ces quelques lignes sur une page d'un livre. Elle doit se vivre maintenant pour être vraie !

16 décembre

Tout est en perpétuel changements de même que ces points de vue et ces conseils. Ouvrons de nouveaux chemins de vie dès aujourd'hui. Explorons des nouveautés que personne n'a jamais pensé faire. Vivons la liberté complètement et dès maintenant !

17 décembre

Le bonheur se décide et dépend de sa propre volonté d'action pour le construire et le vivre au quotidien.

18 décembre

Les autres ne sont pas notre miroir car les opinions qu'ils ont, sont en fait les opinions qu'ils ont d'eux-mêmes...

19 décembre

Je ne suis pas ici pour donner une leçon à ceux qui ne sont pas prêt à les recevoir. Ceux que ça intéresse viendront trouver leurs propres réponses intérieures en lisant ces quelques phrases. Vous détenez vos vérités et de la confiance en votre intuition, vous les développerez pour les réaliser et les expérimenter dans la vie.

20 décembre

Je n'ai pas le monopole ou la chance, ou encore le talent. J'ai mes qualités que certains apprécient et j'ai mes défauts que certains apprécient aussi. C'est ça être entouré de personnes qui nous aiment vraiment.

21 décembre

J'aimerais bien sauver le monde. Hélas, je ne peux absolument rien pour eux. Je n'ai du pouvoir que sur moi-même. Seul le rayonnement peut inspirer ou pas certains ou personne. C'est à chacun de s'occuper de son propre éveil spirituel.

22 décembre

Le pouvoir guérisseur de vacances à la mer est puissant. Le soleil, les fruits et les légumes remplis de vitamines. L'eau salée qui purifie et détoxifie le corps et l'esprit, les émotions et l'âme. Au lieu d'aller prier dans les temples, allez à la mer !

23 décembre

N'aimez pas vos ennemis, ils ne le méritent pas !

24 décembre

Les rituels et autres incantations sont des demandes d'interventions dans la matière. Elles se réalisent directement car l'univers est un distributeur qu'il faut utiliser en cas de besoin. Il répondra positif à tous nos besoins, et négatif à toutes nos envies par contre.

25 décembre

Je ne suis pas un maître, je suis juste un intermédiaire entre vous et la source qui coule au travers de moi.

26 décembre

Si j'ai ces pouvoirs, vous les avez en vous également. N'oubliez pas vos pouvoirs car ils attendent que vous en preniez conscience et que vous les utilisiez. Ils sont là pour ça !

27 décembre

Ne tolérez pas la médiocrité et le peu. Visez l'abondance et le plein ! Vous le méritez, alors surtout pas de fausse modestie !

28 décembre

Un éveillé ne fait confiance qu'aux autres éveillés... Lorsqu'on s'éveille, on le sait, on le sent ! On voit la lumière ! Et on émane celle-ci autour de notre tête et dans notre aura.

29 décembre

La révélation du plus grand des secrets est que nous sommes déjà à l'origine pure lumière. En fait, il suffit de s'en rendre compte. Si on se décroûte de tous les conditionnements, on est tous magnifiquement éveillé et on irradie la lumière originelle.

30 décembre

En résumé, vous êtes beaux, vous êtes intelligents, vous êtes gentils. Le reste est juste une perte de temps...

31 décembre

Pour conclure, soyez vous-même et peu importe ce qu'en pense les autres. Ne perdez pas du temps à vous adapter à ce qui ne vous rend pas heureux. Pensez à vous et prenez soin de vous car l'important c'est vous !

Du même auteur :

Le Bouddha schizophrène

10 clés pour accéder au bonheur

Ma prophétie du Bouddha Maitreya

Reiki : synthèse scientifique

Incantations

Le lever du soleil de la conscience

Métaphysique

Messages pour une vie meilleure

Visions d'éveil

Plus d'informations sur :

https://le-bouddha-schizophrene-37.webself.net/accueil

9 782931 074053